Bernhard P. Wirth

30 Minuten
für bessere
# Selbsterkenntnis

**30-Minuten-Reihe**

Die Deutsche Bibliothek – CIP-Einheitsaufnahme

Ein Titeldatensatz für diese Publikation ist bei
Der Deutschen Bibliothek erhältlich.

Umschlag und Layout: HDR Repro GmbH, Offenbach
Satz: Wegner-Repke Typographie & Design, Offenbach
Druck und Verarbeitung: Salzland Druck, Staßfurt

© 2002 GABAL Verlag GmbH, Offenbach

Hinweis:
Das Buch ist sorgfältig erarbeitet worden. Dennoch erfolgen alle Angaben ohne Gewähr. Weder Autor noch Verlag können für eventuelle Nachteile oder Schäden, die aus den im Buch gemachten Hinweisen resultieren, eine Haftung übernehmen.

Printed in Germany

ISBN 3-89749-255-5

## In 30 Minuten wissen Sie mehr!

Dieses Buch ist so konzipiert, dass Sie in kurzer Zeit prägnante und fundierte Informationen aufnehmen können. Mit Hilfe eines Leitsystems werden Sie durch das Buch geführt. Es erlaubt Ihnen, innerhalb Ihres persönlichen Zeitkontingents (von 10 bis 30 Minuten) das Wesentliche zu erfassen.

*Kurze Lesezeit*
In 30 Minuten können Sie das ganze Buch lesen. Wenn Sie weniger Zeit haben, lesen Sie gezielt nur die Stellen, die für Sie wichtige Informationen beinhalten.

- Alle wichtigen Informationen sind blau gedruckt.

- Schlüsselfragen mit Seitenverweisen zu Beginn eines jeden Kapitels erlauben eine schnelle Orientierung: Sie blättern direkt auf die Seite, die Ihre Wissenslücke schließt.

- *Zahlreiche Zusammenfassungen innerhalb der Kapitel erlauben das schnelle Querlesen. Sie sind blau gedruckt und zusätzlich durch ein Uhrsymbol gekennzeichnet, so dass sie leicht zu finden sind.*

- Ein Register erleichtert das Nachschlagen.

# Inhalt

# Vorwort

Die Frage: „Wer bin ich?" lässt sich nicht in einem einzigen Satz oder durch einen Blick in den Spiegel beantworten. Die Antwort darauf muss jeder Mensch für sich selbst herausfinden.

Dieses Buch möchte Ihnen dabei behilflich sein, sich selbst und Ihren Wert zu erkennen. Es soll Ihnen verschiedene Möglichkeiten aufzeigen, wie Sie sich über sich selbst Klarheit verschaffen können.

Letztlich sind Sie der Mensch, der in Ihrem Leben die tragende Rolle spielt. Seien Sie ab jetzt auch der Regisseur in Ihrem Lebensfilm. Ein Regisseur sollte seinen wichtigsten Akteur gut kennen.

Aufbau dieses Buches
- Im ersten Kapitel beschäftigen wir uns damit, wie unsere Wahrnehmung funktioniert.
- Im zweiten Kapitel widmen wir uns unseren Gefühlen.
- Wie wir in Spannungsfeldern zu innerer Harmonie gelangen, ist Inhalt des dritten Kapitels.
- Thema des vierten Kapitels ist die Erkenntnis des eigenen Wertes und der Verantwortung.
- Auf den Weg zu unserem Selbst machen wir uns schließlich im fünften Kapitel.

Eine Anmerkung: Auch wenn zu Gunsten eines besseren Leseflusses durchgehend auf die weiblichen Endungen verzichtet wurde, sind Frauen und Männer selbstverständlich gleichermaßen angesprochen.

Mein besonderer Dank geht an Ingrid Herrmann, Regina Becker, Meinrad Bueb, Dietmar Hofmeister und Alexander S. Kaufmann.

*Bernhard P. Wirth*

# 1. Nutzen und Technik von Selbsterkenntnis

## 1.1 Kennen Sie Ihre Mitmenschen und sich selbst?

Wer sind die Menschen, mit denen Sie es täglich zu tun haben? Nach welchen Kriterien beurteilen Sie andere? Sehen Sie Ihre Mitmenschen so, wie sie sind, oder sehen Sie sie so, wie Sie sie sehen wollen?

Niemand möchte „in eine Schublade" eingeordnet werden. Sie sicher auch nicht. Dennoch tun wir es, auch wenn wir vielleicht wissen, dass wir dem Betroffenen damit nicht voll gerecht werden können. Diese „Schubladen" sind manchmal notwendig, um den Überblick zu behalten. Dennoch sollten wir sie niemals völlig verschließen, sondern in unseren Vorstellungen von den anderen Menschen immer auch Raum für neue Erkenntnisse lassen.

### Wonach beurteilen wir andere Menschen?
Zuallererst beurteilen wir andere Menschen nach dem ersten Eindruck. Innerhalb weniger Sekunden entscheiden wir bei der ersten Begegnung, ob uns ein Mensch sympathisch ist oder nicht. Das geschieht, ohne dass wir darüber nachdenken. Im weiteren Verlauf bestätigt sich dieser erste Eindruck in den meisten Fällen. Aber es gibt Ausnahmen. Diese Menschen werden dann oft zu unseren Freunden. Für sie haben wir uns Zeit genommen und sie näher kennen gelernt.

### Wie nehmen wir Menschen wahr?
Wir sehen, hören, riechen, spüren und manchmal schmecken wir sie. Ein Kopfschütteln?

- Sehen und hören – durchaus.
- Riechen? Auch das ist möglich.
- Spüren? Nicht allen Menschen kommen Sie so nahe.
- Schmecken? Den Partner oder die Partnerin und auch die eigenen Kinder, solange sie noch klein sind.

Sie werden erkennen, dass für die meisten Menschen, mit denen Sie in irgendeiner Weise zu tun haben, das Sehen und Hören ausreicht. Allein dadurch machen sie sich ein Bild von Ihnen. Menschen, die Ihnen näher stehen, nehmen Sie auch über andere Wahrnehmungskanäle wahr.

Um sich über andere Menschen ein fundierteres Bild machen zu können, empfehle ich Ihnen das im selben Verlag von mir erschienene Buch „30 Minuten für bessere Menschenkenntnis".

### Sich selbst und andere erkennen

Gute Menschenkenntnis setzt voraus, vor allem sich selbst zu kennen. Der Mensch, mit dem man sich während des Lebens am meisten auseinandersetzen muss, ist man selbst. Es ist daher interessant und zahlt sich aus, sich selbst besser kennen zu lernen. Dies gestaltet sich zu einem dauerhaften Prozess, der niemals abgeschlossen sein kann, denn wir verändern uns während unseres Lebens ständig.

 *Alle Menschen müssen sich im Laufe des Lebens am meisten mit sich selbst auseinandersetzen. Aus diesem Grunde ist es sinnvoll und lohnend, sich selbst besser kennen zu lernen.*

## 1.2 Wer bin ich wirklich?

Die Frage „Wer bin ich?" stellt sich ein Kind zum ersten Mal, wenn es beginnt, von sich selbst in der ersten Person zu sprechen, sich sein Ich-Bewusstsein entwickelt.

*Neugier auf sich selbst*
Stellt das Kind die Frage nach sich selbst seinen Eltern, wird sie ihm möglicherweise auf folgende Art und Weise beantwortet: „Du heißt Thomas Meister und bist unser Kind." Damit wird sich das Kind zunächst zufrieden geben. Macht es in dieser Zeit die Erfahrung, dass es geliebt wird, ist bereits der Grundstein für ein positives Selbstbild gelegt.

Nach einigen Jahren stellt sich dieses Kind vor einen großen Spiegel und betrachtet sein Äußeres: „Das bin also ich." Vielleicht stellt es Ähnlichkeiten mit seinem Vater oder Großvater fest. Es findet sich recht ansehnlich oder entdeckt diesen oder jenen Schönheitsfehler. Damit ist meist der zweite Versuch, sich selbst zu erkennen, zunächst wieder beendet.

*Pubertät als wichtige Schaltstelle im Leben*
Thomas hat inzwischen das Jugendalter erreicht und kommt in die Pubertät. In dieser Zeit stellt sich ihm die Frage „Wer bin ich?" immer häufiger und drängender. Und sie lässt sich nicht mehr nur mit einem einfachen Satz oder einem Blick in den Spiegel beantworten.

Die Suche nach der Antwort gestaltet sich hektisch und erscheint zunächst ziellos. Auf der einen Seite möchte der Jugendliche weiterhin allen Ansprüchen genügen. Andererseits regt sich in ihm zunehmend der Widerspruchsgeist gegen die Ansichten seiner Eltern. So zerrissen, wie sein Innerstes ist, ist häufig auch sein Bild nach außen. Auf Grund seines Verhaltens erhält der Jugendliche widersprüchliche Rückmeldungen von seinen Mitmenschen.

Besonders in dieser Entwicklungsphase geschieht Wesentliches für das Selbstbild. In dieser Phase kann auch vieles schief gehen. Noch viele Jahre lang können die Erfahrungen, die man während dieser Zeit gemacht hat, das eigene Handeln und Fühlen beeinflussen, ohne dass dies einem bewusst sein muss.

Die Phasen, die für die Selbsterkenntnis bedeutsam sind, lassen sich folgendermaßen einteilen:

- Prägephase im Kleinkindalter (bis 7 Jahre),
- Nachahmphase (bis 14 Jahre),
- Sozialisationsphase in der Pubertät und während der Partnersuche (bis 21 Jahre).

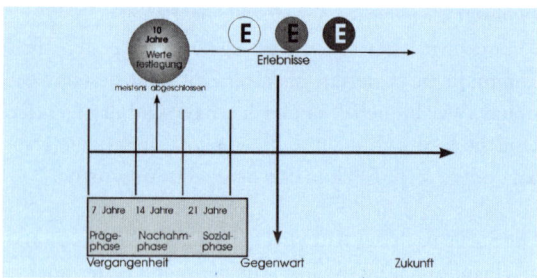

*Erwachsen – und weise?*

An die Pubertät schließt sich die Phase der Neuorientierung an. Berufs- und Partnerwahl erfolgen. Der Alltag ist ausgefüllt; das Leben nimmt seinen Lauf, ohne dass viel darüber nachgedacht wird. Bis dann etwas Außergewöhnliches geschieht: Eine Krisensituation, in der man mit sich selbst konfrontiert wird. Diese kann eine Chance sein, sich selbst zu erkennen.

Wir lernen im Laufe des Lebens, unsere subjektive Umwelt wahrzunehmen. Erkenntnisfähigkeit ist aber nur möglich durch die Spaltung von Subjekt und Objekt, von Erkennendem und Erkennbaren. Wir sind das Subjekt, das in seinen inneren Bildern das Objekt widerspiegelt, es erkennt.

Wie ist das aber mit der Selbsterkenntnis? Wir sind das Subjekt, das dieses Subjekt als Objekt erkennen möchte. Wir erleben uns und die Umwelt als zwei verschiedene Dinge und doch als zusammengehörig.

*Der Wunsch sich selbst zu erkennen beginnt mit der*
*Entstehung des Ich-Bewusstseins. Andere Menschen*
*nehmen wir mit Hilfe unserer Sinnesorgane wahr und*
*unser Gehirn verarbeitet und speichert diese Eindrücke.*
*Jeder benutzt den Umweg über die Außenwelt, um sich*
*ein Bild von sich selbst zu machen.*

## 1.3 Wahrnehmungsstrategien

Wie nehmen wir die Umwelt und uns selbst wahr? Zunächst, wie bereits gesagt, mit unseren Sinnesorganen:

| Sinnesorgan | Aufnahme von Sinneseindrücken | Wahrnehmung |
|---|---|---|
| Augen | sehen | visuell |
| Ohren | hören | akustisch |
| Nase | riechen | olfaktorisch |
| Zunge | schmecken | gustatorisch |
| Haut | tasten, fühlen | kinästhetisch |

Je nachdem, wie funktionstüchtig unsere Sinnesorgane sind, müssten wir also alle dasselbe wahrnehmen. Die Erfahrung, dass dem nicht so ist, haben Sie bestimmt schon öfters gemacht. Was macht den Unterschied aus?

Wollten wir alles um uns herum bewusst aufnehmen, würden uns die Eindrücke überfluten. Wir können nicht alle Informationen gleichzeitig verarbeiten, unser Gehirn wäre überfordert. Deshalb treffen wir eine Auswahl. Nach welchen Kriterien wir dies tun, hängt von vielen Faktoren ab: den jeweiligen Interessen und Wertmaßstäben, dem Wissensstand und vielem mehr.

Das Auge befähigt uns nur zum Sehen, das Ohr nur zum Hören, die Nase nur zum Riechen, die Zunge nur zum

Schmecken, die Finger und die Haut ermöglichen uns nur das Spüren. Unsere Wahrnehmungskanäle, das heißt unsere Sinnlichkeit, sind die Voraussetzung für unsere Aufnahmefähigkeit. Menschliches Erkennen und Denken haben ihren Ursprung immer in sinnlichen Eindrücken.

### Wahrnehmung und Denken

Vor Ihnen auf dem Tisch steht eine Rose in einer Vase. Sie sehen mit den Augen ihre Schönheit, spüren mit den Händen die Stacheln an ihrem Stiel und nehmen ihren wunderbaren Duft mit der Nase wahr. Nun gehen Sie aus dem Zimmer.

Obwohl Sie die Rose jetzt nicht mehr direkt wahrnehmen können, wissen Sie, dass sie das Zimmer nebenan schöner macht, es mit ihrem Duft erfüllt. Sie haben in ihrem Kopf das Bild der Rose gespeichert; auf diese Weise wird sie zu einer Bereicherung in Ihrem Leben, obwohl sie primär keinen praktischen Nutzen für Sie hat.

*Codierte Bilder*

Unser Gehirn codiert das Bild, das wir von der Rose in der Vase haben, so wie es auch andere Bilder codiert:

- assoziiert/dissoziiert (verbunden/getrennt),
- schwarz-weiß/farbig,
- fokussiert/defokussiert (scharf/unscharf),
- nah/fern,
- übergroß, kleiner oder normale Größe,
- bewegtes oder stehendes Bild,
- schnelle oder langsame Bewegung,
- Überblicksbild/Bildausschnitt,
- laute oder gedämpfte Geräusche.

 *Über unsere Sinnesorgane nehmen wir die Eindrücke in unserer Umgebung wahr. Ein Bild von den Dingen entsteht in unserem Gehirn, so dass jeder Mensch individuelle Vorstellungen von seiner Umwelt hat.*

## 1.4 Bin ich im Bilde?

Im Gehirn verarbeiten wir unsere Wahrnehmungen, dort entstehen auch die Gefühle.

*Was sind eigentlich Gefühle?*

Gefühle sind Energien oder Schwingungen, die unsere Empfindungen beeinflussen. Sie bestimmen unsere positive oder negative Einstellung zu den Dingen. Unsere gesamte Lebensqualität wird von unseren Gefühlen geprägt. Sie beeinflussen unser Leben also nachhaltig.

Gefühle entstehen im limbischen System. Es befindet sich im Mittelhirn etwa in der Höhe unserer Ohren. Um zu verstehen, wie dort Gefühle entstehen, betrachten wir unser Gehirn etwas genauer.

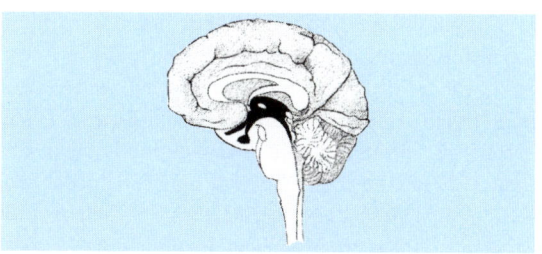

*Lage des limbischen Systems im Gehirn*

### Aufbau des Gehirns

Unser Gehirn setzt sich aus zwei Hemisphären zusammen. Sie sind durch den (corpus callosum) miteinander verbunden. In der linken Hirnhälfte ist das logische, digitale Denken (die Ratio) verankert. Hier denken wir in Zahlen und Begriffen, diese können von uns sofort in Sprache umgewandelt werden. Alles geschieht nacheinander.

**Digitales Denken:**
Sprechen, Wissenschaft, Mathematik, Schreiben, Lesen, logisches Denken, Organisation, Details, Analyse, Gedächtnis für Wörter und Sprachen

**Analoges Denken:**
Denken in Bildern, ganzheitliche Wahrnehmung/Erfahrung, Kunst, Musik, Tanz, Kreativität, Fantasie, Gedächtnis für Personen, Erlebnisse, Dinge

Die rechte Hirnhälfte ist Sitz des analogen Denkens (der Irratio). Sie beinhaltet eine Vielzahl von Bildern, die wir im Laufe des Lebens hier abgelegt haben. Die Bilder sind mit Gefühlen verknüpft.

Der Symbolcharakter des Denkens hat in der linken Hirnhälfte einen hohen Stellenwert. Die Bilder in Worte zu fassen erfordert etwas Anstrengung, denn diese haben eine Besonderheit, ihre Gleichzeitigkeit. Wir müssen die Bilder durch den Balken hindurch in der linken Hirnhälfte erst in Sprache umwandeln, ehe wir sie aussprechen können. Die Gleichzeitigkeit der Bilder muss in ein logisches Nacheinander umgesetzt werden.

*Bilder und Sprache*
Sicher haben Sie schon einmal versucht, einem Bekannten Ihre Urlaubseindrücke zu schildern. Ist es Ihnen auf Anhieb gelungen, Ihre Erinnerungsbilder vollständig in Worte zu fassen?

Betrachten Sie das Bild „Analoges Denken" auf der Seite 19. In der linken Hirnhälfte ordnen wir nach Oberbegriffen, das heißt dissoziativ. Danach hat jeder Begriff seinen Platz in einer strengen hierarchischen Ordnung. In unserem Beispiel sind es bestimmte Tiere, die noch weiter in Säugetiere, Insekten, Vögel usw. untergliedert werden könnten. Diese Art des Denkens wird uns in der Schule beigebracht: Alle Dinge werden in eine bestimmte Ordnung zueinander gebracht.

Wie sieht das nun mit den Begriffen in der rechten Hirnhälfte aus? Der Löwe, König der Tiere, der Adler,

König der Lüfte ...? Es handelt sich hier um Ideen, abstrakte Begriffe und Prinzipien, die wir nur assoziativ miteinander verbinden können. Assoziieren bedeutet so viel wie vereinigen, verbinden, zusammenschließen. Hier liegt die Quelle unserer Kreativität.

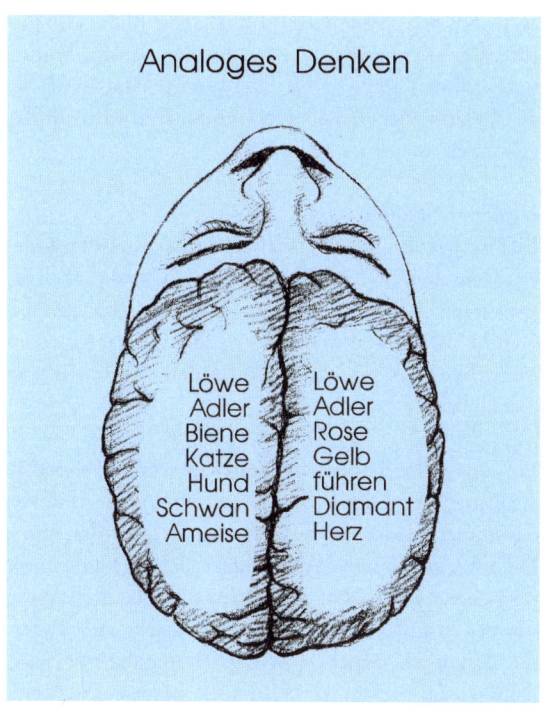

Zurück zum limbischen System: Welche Gefühle hatten Sie dabei, als Sie sich die Bilder von Ihrem Urlaub in Erinnerung gerufen haben?

Als Sie im Urlaub waren, haben Sie die Bilder in Ihrem Gehirn abgespeichert. Im limbischen System erhielten diese Bilder Gefühlsenergie. Diese wurde an das vegetative Nervensystem weitergeleitet. Falls Sie sich in Ihrem Urlaub wohl gefühlt haben, wurden mit der gleichen positiven Energie auch die Bilder gespeichert. Wenn Sie sich später daran erinnern, die Bilder also vor Ihrem geistigen Auge wieder erstehen lassen, breiten sich in Ihnen ähnliche Gefühle aus wie damals, als Sie den Urlaub erlebt haben. Die Gefühle sind an die Bilder gekoppelt, mit ihnen verknüpft.

### Denken ist Fühlen

Ebenso wie von Dingen machen wir uns auch von anderen Menschen ein Bild. Nicht nur ihr Aussehen, auch ihr Wesen speichern wir in Bildern ab. Sie sind ebenfalls mit Gefühlsenergie verbunden. Entweder mögen wir einen Menschen oder wir lehnen ihn aus den verschiedensten Gründen ab.

Von uns selbst haben wir meist ein sehr diffuses Bild abgespeichert. Dieses Bild ähnelt eher einem Puzzle, das immer wieder neu zusammengesetzt werden muss. Die einzelnen Bausteine verändern sich im Laufe unseres Lebens. Dieses Puzzle ist kein Bild, das vollständig vor uns liegt. Es besitzt im Gegenteil sehr viele Facetten, Seiten und Nischen. Wir sehen mal die eine Seite, dann wieder rücken wir eine andere in unser Blickfeld.

Es gibt auch verborgene Details, die wir erst ins rechte Licht rücken müssen, um sie zu erkennen. Und dann gibt es da noch Anteile des Bildes, die wir nicht näher betrachten können oder wollen (so genannte blinde Flecken). Diese Bildausschnitte sind sehr geheimnisvoll. Es wäre schon interessant sie zu erforschen, doch spürt fast jeder eine gewisse Furcht davor.

Bilder werden vom Auge wahrgenommen. Aber erst in unserem Gehirn erhalten sie ihre Bedeutung für uns. Sie werden im limbischen System mit positiver oder negativer Energie verknüpft. Gleichzeitig schickt das limbische System Botenstoffe zu den Nebennieren. Von dort werden bestimmte Hormone wie Adrenalin (bei Stress) oder Endorphine (auch als Glückshormone bezeichnet) in die Blutbahn abgegeben. Unser vegetatives Nervensystem reagiert sofort. In manchen Situationen wird der Atem beschleunigt, der Herzschlag heftiger oder werden unsere Hände feucht. Wir spüren Gefühle in unserem Körper.

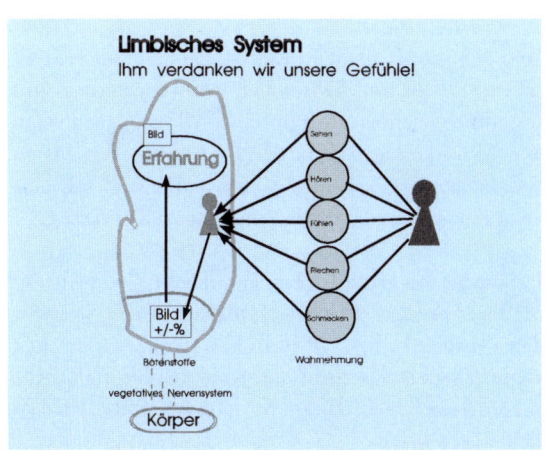

*Mit unseren Sinnen nehmen wir uns selbst und unsere Umwelt wahr. Verarbeitet werden die Informationen im Gehirn, das aus zwei Hemisphären besteht. In der linken Hirnhälfte denken wir logisch und nacheinander, in der rechten Hirnhälfte denken wir in gleichzeitigen Bildern. Diese Bilder sind im limbischen System mit Gefühlsenergie versehen und damit abgespeichert worden. Wir besitzen Bilder von Situationen, Erlebnissen, Eindrücken und Menschen. Auch von uns selbst.*

## 1.5 Halte ich mich für einen guten Menschen?

Im Normalfall haben wir ein Idealbild von uns selbst gespeichert. Die Werte, die wir uns zu eigen gemacht haben, stammen dabei hauptsächlich aus den in Kapitel 1.2 beschriebenen Entwicklungsphasen.

Sind wir uns darüber im Klaren, dass zu jedem Menschen Stärken und Schwächen gehören, wird es uns wesentlich leichter fallen uns anzunehmen, auch wenn wir Abweichungen vom Ideal-Ich feststellen. Aber: Wer kann schon sagen, was eine Stärke und was eine Schwäche ist? Es ist jeweils eine Frage der Wertung.

Führen Sie mit Hilfe der Tabelle auf Seite 23 eine Inventur Ihrer persönlichen Wertmaßstäbe durch. Seien Sie dabei ehrlich zu sich selbst. Es hilft niemandem weiter, wenn er sich etwas vormacht. Kopieren Sie die Tabelle auf ein Blatt Papier, das Sie vor unerwünschten Blicken sicher verwahren.

Wenn Sie die Tabelle fertiggestellt haben, werden Sie vermutlich feststellen, dass sich bestimmte Schwerpunkte herauskristallisiert haben. Die Frage nach dem Warum lässt Sie erkennen, in welcher Lebensphase diese Werte für Sie bedeutsam wurden und weshalb bzw. durch wen.

Es könnte sich um Menschen gehandelt haben, die Sie mochten, oder solche, die Ihnen wenig Verständnis entgegengebracht haben. Aber auch einschneidende Ereignisse könnten von Ihnen die Entscheidung zwischen „Gut und Böse" gefordert haben, die von diesem Zeitpunkt an zu Ihrem Lebenskonzept gehört.

| Kennen Sie Ihre Wertmaßstäbe? | | |
|---|---|---|
| | Antworten | Warum? |
| Was finden Sie an sich selbst wertvoll? | 1. | |
| | 2. | |
| | 3. | |
| | 4. | |
| | 5. | |
| Was lehnen Sie an sich selbst ab? | 1. | |
| | 2. | |
| | 3. | |
| | 4. | |
| | 5. | |
| Was schätzen Sie an anderen? | 1. | |
| | 2. | |
| | 3. | |
| | 4. | |
| | 5. | |

|  | Antworten | Warum? |
|---|---|---|
| Was lehnen Sie an anderen ab? | 1. |  |
|  | 2. |  |
|  | 3. |  |
|  | 4. |  |
|  | 5. |  |
| Welche Eigenschaften würden Sie gern besitzen? | 1. |  |
|  | 2. |  |
|  | 3. |  |
|  | 4. |  |
|  | 5. |  |

Entscheiden Sie von nun an selbst, was für Sie richtig, gut und wichtig ist. Sie sind zu jedem Zeitpunkt Ihres Lebens richtig so, wie sie sind, mit dem Recht auf Fehler und neue Erkenntnisse. Sie haben allen Grund, sich selbst zu mögen, denn Sie sind der wichtigste Mensch in Ihrem Leben. Wer sollte Sie mögen, wenn Sie es selbst nicht auch tun?

*Im Laufe unserer Entwicklung wird unser Wertesystem von verschiedenen Menschen und Ereignissen geprägt. Dieses Wertesystem ist der Maßstab für die eigene Beurteilung und die anderer Menschen.*

## 1.6   Habe ich Vorurteile?

Selbstverständlich haben Sie keine Vorurteile, meinen Sie? Wer möchte das nicht von sich glauben! Aber wir haben alle, wie an früherer Stelle bereits erwähnt, unser

„Schubladen"-System, nach dem wir andere einordnen, und sind daher nicht frei von Vorurteilen.

Manchmal übernehmen wir auch Meinungen anderer, weil sie uns einleuchtend erscheinen und wir die Mühe scheuen, die Sache näher zu betrachten. Einen Nährboden für Vorurteile bieten überdies vorschnelle Verallgemeinerungen. Wir schließen aus einem erlebten Einzelfall scheinbar logisch auf die Gesamtheit. Als banales Beispiel kann folgende Schlussfolgerung dienen: „Mein Auto der Marke X ist sehr störanfällig, die Autos der Marke X sind störanfällig, es ist daher besser, die Marke Y zu kaufen."

### Gewohnheiten sind hartnäckig

Manchmal ist es einfach auch bequemer, in eingefahrenen Bahnen zu denken. Es erleichtert die eigenen Entscheidungen, doch ob diese immer gut sind?

Wir sollten unser Wertesystem in regelmäßigen Abständen kritisch überprüfen, um neue Erkenntnisse, auch über uns selbst, einzubeziehen. Von unseren Mitmenschen wünschen wir uns ja auch, vorurteilsfrei angenommen zu werden. Begegnen wir ihnen und uns selbst mit weniger vorgefertigten Maßstäben!

### Tolerant sein – auch zu sich selbst

Meinen wir, vor unserem eigenen Urteil nicht bestehen zu können, leidet unser Selbstbewusstsein. Sind wir nicht ehrlich zu uns selbst, spüren auch andere diesen Zwiespalt. Sie distanzieren sich möglicherweise, was verletzend sein kann.

*Im Bewusstsein, dass Vorurteile zu unserem Leben gehören, sollten diese hin und wieder kritisch überprüft werden. So geben wir uns die Chance, auch uns selbst besser kennen zu lernen.*

## 1.7 Zeit und Selbsterkenntnis

Zeit ist Leben und Leben ist permanentes Lernen, ob freiwillig oder unfreiwillig, bewusst oder unbewusst. Die Zeit- und Zeitwahrnehmung unterliegen der Vergänglichkeit. Auch kennen wir zwei Zeitmessungen, nämlich die Zeitquantität und Zeitqualität. Unter Zeitquantität versteht man die lineare, unter Zeitqualität die gegenwärtige Zeit. Wir Menschen leben und erleben hauptsächlich die lineare Zeit – also Vergangenheit und Zukunft.

Wenn erwachsene Menschen eine Fotografie von sich im Alter von fünf Jahren betrachten, könnten sie sagen: „Das bin ich." Aber diese Aussage ist nur bedingt wahr, denn ihr Körper bzw. ihre Zellen haben sich seit jener Zeit ja viele tausend Mal erneuert; bis hinein ins letzte Molekül und Atom. Ebenso verhält es sich mit unserem Bewusstsein und unserem Selbst. Durch die Erfahrungen des Lebens haben wir uns stets weiter entwickelt. Sowohl die positiven als auch die negativen Lebenserfahrungen haben im günstigsten Fall unser Selbstbewusstsein wachsen lassen.

In den letzten Jahren haben viele Menschen ein besseres Körperbewusstsein entwickelt, indem sie z.B. joggen, um ihre Kraft und Kondition zu stärken, oder Tennis spielen. Die Frage stellt sich aber, was die Menschen tun, um ihr Bewusstsein zu entwickeln und damit ihr Charisma zu stärken.

*Wie ich andere Menschen beurteile, hängt von meinem Wertesystem ab. Dabei sind meine ethisch-moralischen Grundsätze nicht nur Maßstab für die Beurteilung anderer, sondern jeder unterzieht sich auch selbst diesem Vergleich und unterliegt den eigenen Vorurteilen.*

# 2. Selbstwertgefühl und Selbstvertrauen

*Woraus schöpfen wir unser Selbstwertgefühl?* Seite 30

*Wie gehen Sie mit sich selbst um?* Seite 31

*Wie können Sie sich positiv motivieren?* Seite 35

## 2.1 Der Ausdruck des Selbstwertgefühls

Unser Selbstwertgefühl ist eine wichtige Größe in unserem Leben. Auch wenn wir dieses Gefühl nicht messen können, strahlen wir es nach außen aus. Ein gesundes Selbstwertgefühl verleiht uns eine positive Ausstrahlung. Diese macht es uns leichter, den Kontakt mit anderen Menschen aufzunehmen. Wir bekommen positive Rückmeldungen, die wiederum unser Selbstwertgefühl stärken.

### Das Selbst im Sprachgebrauch
Unsere Sprache kennt noch viele weitere Begriffe, die das Wörtchen „selbst" enthalten, zum Beispiel Selbstbewusstsein, Selbstsicherheit, Selbstvertrauen, Selbstkritik und Selbstachtung. Daran können Sie erkennen, dass der Beschäftigung mit dem Selbst auch in unserem Wortschatz ein breiter Raum gegeben wird.

Selbstwertgefühl und Selbstachtung hängen zusammen. Sich selbst zu achten bedeutet, sich im Einklang mit seinen Stärken und Schwächen zu befinden. Unser Gewissen erwartet nichts Übermenschliches von uns. Daher sollten wir ihm auch immer Beachtung schenken.

Erst die Fähigkeit zur Selbstkritik, die es uns erlaubt, zu unserer Verantwortung zu stehen und aus Fehlern zu lernen, ermöglicht unsere persönliche Entwicklung. Wer dagegen zu absolutem Perfektionismus neigt, kann seine Selbstachtung mit permanenter Selbstkritik auch zerstören. Selbstkritik im rechten Maß ist erforderlich, um den Sinn für die Realität zu bewahren. Gepaart mit einer angemessenen Portion Anerkennung, stärkt die richtige Balance zwischen Selbstachtung und Selbstkritik unser Selbstwertgefühl.

*In unserem Wortschatz gibt es viele Begriffe im Zusammenhang mit dem Selbst. Nur wer seine Stärken und Schwächen akzeptiert, kann sich auch selbst achten.*

## 2.2   Selbstwertgefühl

Wie entsteht ein gesundes Selbstwertgefühl? Durch einen Blick in den Spiegel? Wohl kaum: Wenn auch ein angenehmes Äußeres vieles leichter macht, allein genügt dies nicht, denn Schönheit ist vergänglich. Wer lediglich aus Äußerlichkeiten sein Selbstwertgefühl schöpft, dem versiegt dieser Brunnen irgendwann. Und was bleibt dann übrig?

### Wurzeln des Selbstwertgefühls

Stellen wir uns ein Kind vor, das sich in seiner Familie wohl fühlt, dem alle Liebe zuteil wird. Ihm werden allerdings auch Grenzen gesetzt: „Wir haben dich lieb, auch wenn wir dieses oder jenes Verhalten an dir nicht durchgehen lassen können."

Das Kind erfährt von den Menschen, denen es voll vertraut, was es aus ihrer Sicht besonders gut kann. Jeder Fortschritt in seiner Entwicklung löst wohltuende Freude und Lob aus. Alle nehmen Anteil daran: „Jawohl, du bist uns wichtig!"

Wird das Kind gefördert, werden seine Stärken unterstützt und erhält es eine klare Orientierung, fühlt es sich bestätigt und wird gerne lernen. Es hat mit seinen Verhaltensweisen Erfolg. Diese wird es daher auch im späteren Leben anwenden.

Es werden sich im Verlauf der Kindheit aber auch Verhaltensweisen eingeschliffen haben, die in neuen Situationen außerhalb der Familie weniger erfolgreich sind. Dann entwickelt man als Erwachsener entweder neue Verhaltensweisen oder „rennt immer wieder mit dem Kopf gegen die Wand". Im zweiten Fall macht man wiederholt dieselben schlechten Erfahrungen, die mit der Zeit das Selbstwertgefühl untergraben.

*Ermutigung und Bestätigung durch die Familie sind die Grundlage für das Selbstwertgefühl jedes Menschen. Es ist der Quell, aus dem man ein Leben lang schöpfen kann. Ein aus Äußerlichkeiten abgeleitetes Selbstwertgefühl hält im Leben dagegen auf Dauer nicht stand.*

## 2.3   Wieder in: „Ich mag mich selbst"

„Ein jeder gibt den Wert sich selbst", sagte bereits Friedrich Schiller. Dieser Satz wurde über lange Zeit vergessen. Bescheidenheit galt und gilt vielfach heute noch als Tugend (was bereits ein Widerspruch in sich ist).

Bescheidene Menschen fallen kaum auf. Ihre Leistungen werden selten gewürdigt. Es kann passieren, dass andere sich in Ihrem Glanz sonnen. Wer sollte einen Menschen und seine Leistungen wertschätzen, wenn man es nicht selbst tut?

### *Lob tut gut*

Sich selbst zu mögen und zu loben bedeutet keineswegs egoistisch zu sein und muss oft erst gelernt werden. Da spuken noch solche Sprüche aus der Kindheit im Kopf herum wie: „Eigenlob stinkt!" Vergessen Sie solche Sprüche getrost wieder. Freuen Sie sich über Ihre Leistungen und stellen Sie Ihr Licht nicht unter den Scheffel!

Sie werden merken, dass es Ihnen mit der Zeit auch immer leichter fallen wird, Lob von anderen anzunehmen. Sie dürfen sich vorbehaltlos darüber freuen: Jeder Mensch braucht Anerkennung.

Wenn Sie von anderen nicht genug Anerkennung bekommen, loben Sie sich selbst:

- Nehmen Sie sich selbst so an, wie Sie sind!
- Achten und lieben Sie sich selbst!
- Gehen Sie liebevoll mit sich um!
- Gönnen Sie sich etwas Gutes!
- Tun Sie etwas für sich selbst!

Wenn Sie sich selbst achten, achten Sie auch andere und andere achten Sie. Sie gewinnen positive Ausstrahlung.

 *Der Mensch, den Sie am meisten mögen sollten, sind Sie selbst. Wer sich selbst mag, wird auch von anderen gemocht.*

## 2.4 Mehr Selbstvertrauen gewinnen

Erinnern Sie sich an Zeiten in Ihrem Leben, in denen Ihnen nichts gelingen wollte? Eine Pechsträhne löste die andere ab. Sie verfielen in Stress und Mutlosigkeit. Ihre Ausstrahlung war negativ und Sie konnten Ihre Kräfte nicht nutzen.

### Krisen haben ihren Sinn
Menschen mit einem schwach entwickelten Selbstwertgefühl geraten in solchen Lebensphasen in Gefahr, sich selbst zu verlieren. Leicht werden sie depressiv. Aber auch Krisen haben ihren Sinn, denn wer denkt schon über sich und sein Leben nach, wenn alles glatt läuft?

Krisen sollten als Chance gesehen werden sich zu wandeln und zu reifen. Frei nach dem Motto: Was mich nicht umbringt, macht mich stark! Suchen Sie Menschen auf, die Ihnen gut tun und reden Sie sich einmal alles von der Seele, das entlastet.

### Die eigenen Stärken erkennen
Nehmen Sie ein Blatt Papier zur Hand und notieren Sie, wo Ihrer Meinung nach Ihre Stärken liegen. Schreiben Sie alles auf, was Ihnen in den Sinn kommt. Keine falsche Bescheidenheit! Ihre Schwächen können Sie getrost außer Acht lassen, konzentrieren Sie sich auf Ihre Stärken.

Überlegen Sie sich: Auf welchen Gebieten könnte ich diese Stärken für mich nutzen? Wie könnte ich meine Stärken weiter ausbauen?

Sie werden sehen, dass alles, was Sie unternehmen werden, Ihnen Freude machen wird. Sie werden mit Lust an Ihre Aufgaben gehen und schon bald werden sich die ersten Erfolge einstellen. Das stärkt Ihr Selbstwertgefühl!

### *Ändern kann man nur sich selbst*

Rücken Sie nun Ihre gegenwärtige Lebenssituation in Ihr Blickfeld. Der einzige Mensch, dessen Verhalten sie ändern können, sind Sie selbst. Andere Menschen verändern zu wollen, wird Ihnen lediglich Konflikte bescheren und kostet unnötig Kraft. Ihre Energie wird verschwendet. Ändern wird sich nur etwas, wenn Sie sich selbst ändern. Setzen Sie also da an, wo Sie die Möglichkeit zur Veränderung auch in der Hand haben, bei sich selbst.

Oft sind es nur geringfügige Änderungen in Ihrem Verhalten, die dann das gesamte Umfeld verändern. Es könnte aber auch sein, dass Sie weitreichendere Entschlüsse fassen müssen. Alte Gewohnheiten (Verhaltensweisen) abzulegen, ist ein schmerzhafter, aber lohnender Prozess. Wenn Sie sich selbst und Ihre Bedürfnisse erkannt haben, werden Ihnen diese Entschlüsse leichter fallen.

 *Gehen Sie sorgsam mit sich selbst um. Arbeiten Sie an Ihren Stärken und machen Sie sich diese immer wieder bewusst. Erkennen Sie Ihre wirklichen Bedürfnisse und leben Sie danach.*

## 2.5   Mit Selbstvertrauen läuft alles leichter

Menschen mit gesundem Selbstvertrauen fällt es in der Regel leichter, ihren Alltag zu meistern. Scheinbar mühelos gelingt ihnen alles, was sie in die Hand nehmen. Woran liegt das?

Das Geheimnis dieser Menschen liegt darin, dass sie sich etwas zutrauen und ihre Energie für die zu lösende Aufgabe nutzen. Sie haben ihr Ziel anvisiert und glauben fest an ihren Erfolg. Ganz sicher kennen auch diese Menschen ihre Grenzen und wissen, was sie sich zumuten können. Dies ist eine Sache der Erfahrung. Solche Menschen haben ihre Grenzen ausgetestet und beziehen sie in ihre Planungen ein.

*Gelassenheit erschließt Reserven*

Menschen mit dieser Einstellung haben keine Angst vor Fehlern und wagen sich daher gelassener an neue Aufgaben. Gelassenheit ist eine Eigenschaft, die unterschiedlich bewertet werden kann: Den einen kann die Gelassenheit von Mitarbeitern an den Rand des Wahnsinns bringen, ein anderer schätzt gerade diese Eigenschaft für das Team als gewinnbringend ein.

Gelassenheit ist eine wichtige Voraussetzung für Kreativität. Krampfhafter Wille verführt dazu, die Problematik mit Scheuklappen zu betrachten. Es ist die linke Hirnhälfte, die in aufeinander folgenden Schritten ein Ziel verfolgt. Diese Taktik kann in bestimmten Situationen durchaus sinnvoll sein.

Die rechte Hirnhälfte benötigt weniger Energie, um aktiv zu werden. Um auch diese Hemisphäre für ein Projekt nutzbar zu machen, braucht es aber Gelassenheit. Und mit etwas Abstand betrachtet, lassen sich auch größere Zusammenhänge besser erkennen und manche verzwickte Situationen bewältigen.

*Sich selbst im Wege stehen*
Menschen mit geringem Selbstvertrauen gehen anders an neue Herausforderungen und Aufgaben heran. Meistens leiden sie bereits im Vorfeld an Selbstzweifeln: „Ob ich das überhaupt schaffe?" Dann wird überlegt, was für Schwierigkeiten auftauchen könnten.

Es werden Bilder heraufbeschworen, die ein mögliches Scheitern in allen Variationen ausmalen. Aber:

- **Erstens** sind diese Bilder mit negativer Energie gekoppelt, was an den Kräften zehrt. Diese stehen dann für die Lösung der Aufgabe nicht mehr zur Verfügung.
- **Zweitens** wird die Aufmerksamkeit verstärkt auf die Risiken des Vorhabens gerichtet und das eigentliche Ziel dabei leicht aus den Augen verloren.

Ein gesundes Selbstvertrauen schafft eine positive Zielvorstellung. Die Prophezeiung erfüllt sich wie von selbst – im positiven wie im negativen Sinne.

Sie können wählen: Stellen Sie sich Ihren Erfolg vor! Lassen Sie diese Bilder vor Ihrem geistigen Auge erscheinen! Malen Sie sich Ihren Erfolg in den schönsten Farben aus! Wie fühlen Sie sich? Stellen Sie sich nun das andere Extrem ... **Lieber nicht!**

Bewahren Sie sich Ihre positive Energie und Ihren Optimismus. Setzen Sie diese effektiv ein! Dann können Sie ohne Gewissensbisse ruhig auch mal ablehnen, wenn Ihnen eine Sache nicht zusagt.

*Stellen Sie sich Ihre Erfolge vor! Denken Sie in positiven Bildern und lassen Sie Ihre Energie fließen. Vertrauen Sie sich selbst und Ihren Entscheidungen, dann wird Ihnen fast alles gelingen.*

# 3. Das innere Gleichgewicht

## 3.1 Das Prinzip der Polarität

Unsere Welt existiert im Spannungsfeld zwischen zwei
Polen. Einige wesentliche Beispiele für diese Polarität
sind:

| | |
|---|---|
| Mann | Frau |
| Plus | Minus |
| Licht | Finsternis |
| Gut | Böse |
| Sauer | Alkalisch |
| Elektrisch | Magnetisch |
| Dur (lat. Hart) | Moll (lat. weich) |

Ohne den einen Pol kann auch der andere nicht existie-
ren. Wir brauchen zum Beispiel einen Minus- und einen
Pluspol, damit Strom fließen kann. Den Gegensatz zur
Polarität stellt die Einheit dar.

*Wir atmen entweder ein oder aus*
Ohne unseren Atem könnten wir nicht leben. Wir
atmen entweder ein oder aus. Beides geschieht im
Wechsel. Wir können nicht nur einatmen oder nur
ausatmen. Steht unser Atem für immer still, existieren
wir als Lebewesen nicht mehr.

Betrachten Sie das Bild auf Seite 39 genau! Was sehen Sie? Einen weißen Kelch oder zwei schwarze Gesichter? Sie können immer nur entweder das eine Bild oder das andere sehen, beides gleichzeitig ist nicht möglich. Sie sehen die Bilder im Wechsel. Das weiße Bild ohne das schwarze könnte nicht existieren und umgekehrt. Nur beide gemeinsam ergeben zusammen ein Ganzes.

Ebenso verhält es sich mit der Abbildung des chinesischen Zeichens für Yin & Yang, dem Zeichen der Ganzheit aus der Vereinigung von Gegensätzen (siehe Seite 43).

### *Licht und Schatten gehören zusammen*
Jeder Mensch trägt solche Polaritäten in sich. Er besitzt (entsprechend seiner Wertmaßstäbe) Schokoladenseiten und Seiten, die er ablehnt, weil er sie als Makel betrachtet. Doch ohne die Schattenseiten wäre er kein Ganzes.

Polarität bedeutet Leben. Sie fordert uns ständig auf, zwischen „entweder" und „oder" zu entscheiden. Wenn zunächst auch beide Pole unvereinbar scheinen, so kann man sich doch mit den Gegensätzen aussöhnen. In der Akzeptanz der eigenen Persönlichkeit liegt der Schlüssel zum inneren Gleichgewicht.

*Wir leben in einer polaren Welt der Gegensätze. Die Frage vor Entscheidungen lautet häufig: Entweder ... oder? Das hat zur Folge, dass wir meist einen wesentlichen Teil unseres Selbst auszugrenzen versuchen. Beide Pole existieren aber nur durch das Vorhandensein des anderen.*

## 3.2    Innere und äußere Harmonie

Unsere innere Harmonie strahlt auch nach außen. Diese Ausstrahlung ist unser Charisma. Charismatische Menschen sind Menschen mit einer besonderen und ansprechenden Ausstrahlung, dem gewissen Etwas, Charme und Selbstbewusstsein. Sie galten im Altertum als Lieblinge der Götter. Was ist ihr Geheimnis? Wie lässt sich ihre positive Wirkung auf andere Menschen erklären?

*Resonanz ist Mitschwingen*
Dem Geheimnis liegt ein Gesetz zugrunde, das Sie vielleicht noch aus dem Physikunterricht kennen: das Resonanzgesetz. Gerät ein Körper mit einer bestimmten Frequenz in Schwingung, so schwingt ein sich in der Nähe befindlicher Körper mit der gleichen Frequenz mit.

Unsere Gefühle stellen ebensolche Energien dar, sind also Schwingungen. Sie bewegen sich aus Ihrem Inneren nach außen und bewirken Ihre Ausstrahlung, Ihr Charisma. Ihre Wirkung auf andere wird demzufolge dadurch bestimmt, welches Bild Sie von sich selbst haben, wie Sie über sich selbst denken und inwieweit Sie sich mit sich selbst ausgesöhnt, also auch Ihre Schattenseiten angenommen haben.

*Echtheit macht sympathisch*
Innere Zerrissenheit beispielsweise führt zu einer negativen Ausstrahlung. Das soll nun aber keinesfalls als Aufforderung verstanden werden, sich und seiner

Umgebung etwas vorzugaukeln. Diese Manipulation würde nicht funktionieren. Sie würden nicht echt wirken. Gerade diejenigen Menschen, denen Sie am meisten imponieren wollen, würden sich am ehesten von Ihnen distanzieren.

Innere Harmonie erreichen wir in dem Maße, wie es uns gelingt, uns als Ganzes zu verstehen und uns mit uns selbst auszusöhnen. Zu dieser inneren Harmonie gelangt man nur, wenn man gelernt hat, sich voll und ganz zu akzeptieren. Jemand, der seine Polarität, seine Schokoladen- und Schattenseiten angenommen hat, weiß, dass alle Seiten und Facetten zu seiner Persönlichkeit gehören, ihn als Mensch erst vollkommen machen. Nur auf diese Weise ist innere Harmonie überhaupt möglich.

### Sich selbst spüren durch Veränderung

Kein Tag ist wie der andere. Unser Leben verläuft in einem Rhythmus, mal fühlen wir uns besser, mal schlechter. An einem Tag brauchen wir Aktivität, um uns wohl zu fühlen, am nächsten Tag sehnen wir uns nach Ruhe. Mal ist uns zum Lachen, mal zum Heulen zu Mute.

Unsere Gefühle sind unser Reichtum, wären Sie immer gleich, würden wir uns selbst nicht mehr spüren und innerlich verarmen. Innere Harmonie ist eine Grundstimmung. Die Polarität zwischen positiven und negativen Gefühlen kann uns nicht mehr so leicht aus der Fassung bringen und uns den Boden unter den Füßen verlieren lassen.

*Unsere innere Harmonie wird bestimmt von unserer positiven Einstellung zu uns selbst. Diese hängt davon ab, inwieweit wir alle Facetten unserer Persönlichkeit als zu uns gehörig akzeptieren können. Die positiven Gedanken und Gefühle uns selbst gegenüber erzeugen Schwingungen, die unsere Ausstrahlung, unser Charisma ausmachen.*

## 3.3 Yin & Yang

Das chinesische Zeichen für Yin & Yang ist das Abbild der Vollkommenheit: Zwei Gegensätze, die miteinander verschlungen sind und sich in zwei Punkten durchdringen, ergeben ein harmonisches Ganzes:

Mal erscheint die eine Seite stärker im Vordergrund, mal die andere. Der Wechsel ist beständig. Wie auch in unserem Alltag alles einem ständigen Wechsel unterliegt.

### Wechsel zwischen den Polen
Der Rhythmus von Schlaf- und Wachzustand, von Anspannung und Entspannung gehört wie selbstver-

ständlich dazu. Die täglichen Pflichten wechseln sich mit Freizeit ab. Vernachlässigen wir unsere Pflichten, entsteht früher oder später ein großes Durcheinander, das verhindert, dass wir unsere Freizeit wirklich genießen können. Bleibt vor lauter Pflichten kein Raum mehr für Mußestunden, werden wir ebenfalls unzufrieden. Hält dieser Zustand über einen längeren Zeitraum an, können wir sogar krank werden.

### Vertrauen Sie sich selbst!

Jeder Mensch wünscht sich, dass ihm Vertrauen entgegengebracht wird, und möchte ebenso gerne anderen vertrauen können. Aber wenn Sie sich selbst nicht vertrauen, wer sollte Ihnen vertrauen?

Vertrauen – im Sinne von „sich trauen", „sich etwas zutrauen" – hat selbstverständlich auch einen Gegenpol: das Misstrauen. Misstrauen verursacht ein Gefühl von Angst und Verunsicherung. Misstrauen sich selbst gegenüber führt zu einer Verhaltensweise, die vor jeder Handlung zweifelnd prüft, ob das geplante Vorhaben überhaupt in Angriff genommen werden sollte oder vielleicht scheitert. Diese Einstellung verhindert Erfolgserlebnisse. Misstrauen, Angst und Verunsicherung werden immer stärker, das Selbstvertrauen wird immer schwächer.

Durch positive Erfahrungen dagegen schwindet das Misstrauen langsam wieder. Selbstvertrauen und ein gesundes Maß an Vorsicht gelangen ins Gleichgewicht, eine wichtige Voraussetzung für die innere Harmonie eines Menschen.

*Der Grad des Selbstwertgefühls macht die persönliche Ausstrahlung, das Charisma eines Menschen aus. Das Selbstwertgefühl wird davon beeinflusst, ob man Erfolge erlebt und sich entsprechend seiner Bedürfnisse entfalten kann. Dazu benötigt man Selbstvertrauen gepaart mit dem Wissen, wo die eigenen Grenzen liegen, um sich nicht zu überfordern.*

## 3.4 Ein glücklicher und erfolgreicher Tag

Wir leben im Hier und Heute. Die Vergangenheit können wir nicht mehr beeinflussen, sie ist Geschichte. Sie neu zu bewerten ist allerdings möglich und sinnvoll, wenn wir einen anderen Erkenntnisstand erreicht haben. Ansonsten sollten wir versuchen, die Vergangenheit loszulassen.

### Nur in der Gegenwart ist Handeln möglich

In der Vergangenheit leben Sie ebenso wenig, wie Sie schon jetzt in der Zukunft leben können. Sie leben in der Gegenwart und sollten die Zeit sinnvoll nutzen und gestalten. Carpe diem! (Nutze den Tag!)

- Nur im Hier und Heute können wir tätig werden und die Weichen für die Zukunft stellen.
- Sie entscheiden, wie Sie sich heute fühlen und mit welchem Einsatz Sie den Tag bewältigen.
- Nutzen Sie diesen Tag für sich und Ihre Bedürfnisse.
- Lassen Sie die Vergangenheit los! Manche Dinge können nicht mehr rückgängig gemacht werden.

- Erledigen Sie Ihre Pflichten mit Gelassenheit und Freude. Genießen Sie Ihre Freizeit!
- Versuchen Sie, jeden Tag zu einem glücklichen und erfolgreichen Tag werden zu lassen.

 *Handeln ist nur in der Gegenwart möglich. Das Hier und Heute ist entscheidend!*

## 3.5 Der Biorhythmus

- „Ich glaube, das war heute nicht mein Tag."
- „Irgendwie bin ich heute total gut drauf."

Sie kennen sicherlich solche Formulierungen und die meisten von uns haben solche Stimmungsschwankungen in ihrem Leben irgendwann schon selbst erlebt. Wir kennen gute und schlechte Tage in unserem Leben. Es gibt Tage, die man am liebsten aus seinem Kalender streichen würde und solche, die sich immer wiederholen könnten. Es gibt in unserem Leben Tage, die ohne Bedeutung vergehen, und solche, die unter Umständen unser ganzes Dasein verändern. Heute gehen Ihnen womöglich Dinge gut von der Hand, die Ihnen gestern noch große Schwierigkeiten bereitet haben.

Die Lehre vom Biorhythmus, so wie sie heute vorgetragen wird, geht davon aus, dass jeder Mensch in seinen körperlichen, seelischen und geistigen Lebensäußerungen Schwankungen unterliegt.

Konkret besagt diese Theorie, dass jeder Mensch von Geburt an durch drei unterschiedliche, ständige

Energieströme beeinflusst wird: Es existiert der „Körperrhythmus", der eine Dauer von 23 Tagen hat und alle 11,5 Tage wechselt. Eine Dauer von 28 Tagen hat der „seelische Rhythmus". Schließlich kennt man noch den „Geistesrhythmus" mit einer Dauer von 33 Tagen und einem sich alle 16,5 Tagen vollziehenden Wechsel.

Auch hier ist es sinnvoll, einen individuellen Ausgleich zwischen den wechselnden Polen zu finden.

*Die Vergangenheit ist bereits geschehen und bleibt unveränderlich. Was die Zukunft bringen wird, entscheiden Sie durch Ihr Tun und Handeln in der Gegenwart. Leben Sie den gegenwärtigen Augenblick!*

# 4. Das Selbst im Spiegel der Werte

*Was versteht man unter Werten?*

*Nach welchen Wertmaßstäben soll
man sich messen lassen?*

*Wer trägt die Verantwortung für
Ihr Leben?*

## 4.1   Halte ich mich für wert-voll?

Was macht Sie wert-voll? Ihr materieller Besitz? Diese
Antwort stimmt so sicher nicht. Stellen wir uns daher
zunächst die Frage nach den Werten: Was sind eigentlich Werte?

Werte sind uns überwiegend unbewusst, bilden aber
die Richtschnur unseres Handelns. Sie helfen uns,
zwischen Gut und Böse zu unterscheiden. Es sind
unsere Überzeugungen, die in ihrer Gesamtheit unsere
Einstellung ergeben.

*Wertvorstellungen verändern sich*
Ein wertvoller Mensch zu sein, heißt in unserem Sinne
also, klare Wertvorstellungen zu besitzen, nach denen
man sein Verhalten ausrichtet und handelt. Solche Werte
sind in unserem Kulturkreis zum Beispiel Zuverläs-
sigkeit, Ehrlichkeit, Zielstrebigkeit, Loyalität, Zivil-
courage und Glaubwürdigkeit. Die Aufzählung ließe
sich beliebig fortsetzen. In anderen Kulturkreisen
mögen andere Werte Priorität haben.

Individuelle Wertvorstellungen unterliegen den jeweiligen Lebensumständen und verändern sich mit diesen.
Jeder Mensch entwickelt im Laufe des Lebens sein
eigenes Wertesystem. Was für den einen besonders
wichtig ist, spielt für den anderen nur eine unter-
geordnete Rolle.

Das liegt zum einen daran, dass die Menschen zu unter-
schiedlichen Zeiten aufwachsen und daher auch vom

jeweiligen Zeitgeist geprägt werden. Daraus ergeben sich verschiedene Wertvorstellungen der Generationen, die nicht selten zu Konflikten führen.

Ebenso kann es auch zwischen Menschen mit unterschiedlicher Sozialisation oder sehr verschiedenen Charakteren zu Konflikten und Missverständnissen kommen. Für den einen ist beispielsweise Ordnung extrem wichtig, der andere fühlt sich erst im kreativen Chaos richtig wohl.

Sie werden also selten erleben, dass Sie Ihren eigenen Wertvorstellungen gemäß beurteilt werden. Wenn Sie das von anderen erwarten, werden Sie immer wieder enttäuscht werden.

### Geben Sie sich selbst Ihren Wert!

Entscheiden Sie selbst über Ihren Wert und Ihre Wertmaßstäbe! Überprüfen Sie, welche Werte für Sie auch heute noch ihre Berechtigung haben. Gehen Sie mit sich selbst und anderen großzügig und tolerant um. Ändern Sie gegebenenfalls Verhaltensweisen, die Sie an sich selbst stören.

*Jeder Mensch entwickelt im Laufe seines Lebens sein eigenes Wertesystem. Sie können Ihre persönlichen Maßstäbe anderen nicht überstülpen, ebenso wenig, wie Sie sich fremde aufdrücken lassen möchten. Seien Sie daher anderen und sich selbst gegenüber tolerant.*

## 4.2 Entscheide, was dir wirklich wichtig ist!

Wenn ich Sie jetzt frage, was Ihnen am allerwichtigsten ist, was ist Ihre spontane Antwort darauf?

Die Antwort ist Ihnen wahrscheinlich nicht sehr schwer gefallen. Um mehr über sich selbst zu erfahren, sollten wir die Frage differenzieren: Finden Sie mindestens acht Dinge, die Ihnen im Leben besonders wichtig sind, und bewerten Sie diese nach ihrer Bedeutung für Sie (schreiben Sie sie in der Reihenfolge ihrer Wichtigkeit für Sie nacheinander auf). Beispiele für solche Dinge sind: Familie, Partnerschaft, Beruf, Gesundheit, Freunde, Geld, Macht, Ansehen, Selbstentfaltung und Sport.

Schlüsseln Sie die einzelnen Punkte anschließend noch genauer auf und bewerten Sie auch diese Unterpunkte mit Hilfe der Skala von 1 bis 8, wobei die 1 für die höchste, die 8 für die geringste Priorität steht.

| Acht bedeutsame Dinge in meinem Leben | | | | | |
|---|---|---|---|---|---|
| 1. | Gesundheit | 2. | ... | 3. | ... |
| 1. | | 1. | | 1. | |
| 2. | | 2. | | 2. | |
| 3. | | 3. | | 3. | |
| 4. | | 4. | | 4. | |
| 5. | | 5. | | 5. | |
| 6. | | 6. | | 6. | |
| 7. | | 7. | | 7. | |
| 8. | | 8. | | 8. | |

Sie haben Ihren Fragebogen ausgefüllt vor sich liegen. Überprüfen Sie ihn jetzt einmal kritisch darauf, ob Sie Ihre Prioritäten auch tatsächlich so leben. Vertrauen Sie dabei Ihrem Gefühl!

Haben Sie Ihr Leben nach Ihren Prioritäten ausrichten können? Wenn nicht, was hindert Sie daran? Schreiben Sie Ihre Erkenntnisse auf.

*Jeder Mensch hat seine eigenen Bedürfnisse und setzt für sich selbst Prioritäten. Um danach handeln zu können, muss man sich diesen Prioritäten bewusst werden.*

## 4.3 Verantwortung übernehmen

Entsprechend der Bedürfnisse zu leben, die einem wichtig sind, kann zu Schwierigkeiten mit den Mitmenschen führen. Um diese Konflikte zu umgehen, stellen viele ihre Bedürfnisse zurück und passen sich an.

Haben Sie Familie, könnte das für Sie bedeuten, aus Rücksicht auf manchen Wunsch zu verzichten. Müssen Sie das wirklich in jedem Fall? Haben Sie Ihre Wünsche schon einmal geäußert?

### *Prioritäten setzen*
Sich manche Bedürfnisse zu erfüllen, kann auch bedeuten, möglicherweise auf etwas anderes verzichten zu müssen. Entscheiden Sie! Es geht um Ihr Leben. Sie tragen für Ihr Leben die Verantwortung, niemand kann sie Ihnen abnehmen.

Haben Sie Scheu davor, aus dem Rahmen zu fallen, dann suchen Sie sich einen passenderen Rahmen, also ein anderes Umfeld! Wobei dies selbstverständlich keine Aufforderung sein soll, die Legalität zu verlassen.

Erst, wenn Sie mit Ihrem Leben verantwortungsbewusst umgehen, sind Sie auch in der Lage, für andere Menschen Verantwortung zu übernehmen.

### Das Steuer selbst in die Hand nehmen

Wenn Sie nicht handeln, sind Sie wie ein hilfloses Schiff auf dem Ozean, das bei jedem Windstoß oder jeder Welle hin und her schlingert. Ihnen ist übel, aber Sie können nicht aussteigen. Nehmen Sie das Steuerruder (das heißt die Verantwortung) selbst in die Hand und bestimmen Sie den Kurs, dann werden Sie auch im gewünschten Hafen ankommen!

*Die Verantwortung für sein Leben trägt jeder Mensch selbst. Auch, ob man so lebt, wie man leben möchte und dies den eigenen Bedürfnissen entspricht. Entscheidungen bestimmen unser Leben. Passiv keine Entscheidung zu treffen oder die Entscheidungen von anderen treffen zu lassen, ist auch eine Entscheidung!*

## 4.4   Blick in den Spiegel

Sie kennen sicherlich den einsamen Wellensittich im Käfig, der sich angeregt mit seinem Spiegelbild unterhält. Dieser Spiegel ist für den in der freien Natur sehr sozial lebenden Vogel ein Ersatz für den Artgenossen.

Der Wellensittich unterliegt der Täuschung, dass sein Spiegelbild ein lebendiger Artgenosse ist. Für das Tier im Käfig können wir diese Illusion fast als Segen betrachten, so fühlt es sich wenigstens nicht allein. Doch wie ist das bei uns Menschen?

*Mitmenschen sind der Spiegel unseres Selbst*

Indem wir andere Menschen ansehen, sehen wir uns selbst. Die anderen sind unser Spiegel. Eigenschaften, die wir an uns selbst nicht mögen, regen uns an anderen häufig besonders auf. Dessen sind wir uns aber nur selten bewusst.

Wir erkennen uns im Spiegel unserer Umwelt. Allerdings immer nur anteilig, je nachdem, von welcher Person wir ein Feedback (eine Rückmeldung) erhalten. So lässt sich auch erklären, warum wir uns in Gegenwart eines Menschen sehr wohl fühlen, das Zusammensein mit einem anderen aber als unangenehm empfinden.

Die erste Person spiegelt möglicherweise die Anteile wider, die wir an uns mögen. Die zweite Person zeigt uns eventuell die Facetten auf, die wir an uns selbst ablehnen oder die uns vielleicht Angst machen.

*Das Johari-Fenster*

Das Johari-Fenster ist ein einfaches grafisches Modell, in dem die Anteile der Selbst- und Fremdwahrnehmung dargestellt sind. Den Namen hat dieses Modell nach seinen Erfindern Joe Luft und Harry Ingham. Wie groß die Anteile der Selbst- und Fremdwahrnehmung nach diesem Modell sind, ist individuell verschieden.

Jeder Mensch hat einen „blinden Fleck". An dieser Stelle sind wir besonders verwundbar. Je mehr wir über unseren „blinden Fleck" wissen, desto kleiner wird sein Anteil am Johari-Fenster. Es kostet Überwindung, sich mit ihm auseinander zu setzen, denn wir fürchten verletzt zu werden. Sprechen Sie deshalb nur mit Menschen über diese Seite von Ihnen, denen Sie vertrauen können und die respektvoll mit Ihnen umgehen.

| Johari-Fenster | |
| --- | --- |
| **Übereinstimmung**<br><br>(einem selbst und den anderen bekannt) | **Blinder Fleck**<br><br>(einem selbst unbekannt, den anderen bekannt) |
| **Fassade**<br><br>(das, was die anderen von uns glauben sollen, wie wir gerne gesehen werden wollen) | **Unbewusstes**<br><br>(uns und den anderen unbekannt) |

Den Bereich des eigenen Unbewussten zu erforschen, ist anstrengend und kostet Überwindung. Aus dem Unbewussten können bei Gelegenheit Anteile ins Bewusstsein aufsteigen. Bewusstes wiederum kann irgendwann ins Unbewusste abgleiten. Manche Ereignisse haben wir beispielsweise verdrängt, weil wir sie zu der Zeit, als wir sie erlebt haben, nicht in der Lage waren, sie angemessen zu verarbeiten. Sie können uns zu einem aktuellen Anlass wieder bewusst werden. Wir sind dann gefordert, uns ihnen zu stellen.

Wer den Wunsch hat, sich eingehender mit seinen unbewussten Persönlichkeitsanteilen auseinander zu setzen, dem empfehle ich, professionelle Hilfe in Anspruch zu nehmen. Gesprächsangebote finden Sie in psychosozialen Beratungsstellen, die es in fast jedem größeren Ort gibt. Wenn es um Konfliktberatung geht, sind die Angebote meistens kostenfrei. Individuelle professionelle Hilfe können Sie sich auch beim Psychotherapeuten holen.

Eine tiefergehende Auseinandersetzung mit der Thematik dieses Buches ist auch in Seminaren möglich. Entsprechende Angebote finden Sie im Internet oder in diversen Zeitschriften.

*Das Wissen um die eigene Persönlichkeit ist nach Johari viergeteilt. Für die Selbsterkenntnis ist der „blinde Fleck" von Bedeutung. Diesen Anteil unserer Persönlichkeit sollten wir mit Hilfe von Vertrauenspersonen erforschen. Mit dem Unbewussten können wir uns selbst nur anteilig befassen. Je nach Aktualität steigen Bilder aus unserem Unbewussten von selbst wieder in unser Bewusstsein auf und umgekehrt.*

## 4.5  Die Frage nach der Schuld

Wenn Sie sich fragen, welchen Grund zum Beispiel die Ablehnung Ihrer Bewerbung auf eine Anstellung hatte, für die Sie sich als geeignet betrachteten, können Sie nur Vermutungen darüber anstellen, wer oder was schuld war. Mögliche Ursachen für die Absage könnten sein:

- Ihre Qualitäten wurden nicht erkannt.
- Die Personalabteilung setzt andere Maßstäbe an als Sie selbst.
- Die Ausschreibung war unklar formuliert.
- Die Stelle war intern bereits vergeben.

Meist suchen wir die Schuld für ein Scheitern bei anderen. Wenn wir Verantwortung für uns selbst übernehmen, suchen wir die Schuld auch bei uns:

- Aus meinen Bewerbungsunterlagen war meine Eignung nicht klar erkennbar.
- Ich muss lernen, mich besser zu verkaufen.
- Die Ausschreibung verlangte eine differenziertere Qualifikation, als ich sie besitze.

### Handeln – der Weg zum Ziel

Indem Sie die Verantwortung für sich selbst übernehmen, sind Sie in der Lage, die richtigen Konsequenzen zu ziehen. Beim nächsten Versuch haben Sie dann größere Chancen, Ihr Ziel erreichen.

Wer nichts tut, lässt sich auch nichts zu Schulden kommen? Das stimmt leider nicht: In diesem Fall besteht die Schuld möglicherweise darin, etwas Wichtiges zu unterlassen (um bei unserem Beispiel zu bleiben: sich nicht zu bewerben). Dann kann auch ein solches Verhalten negative Konsequenzen haben (keine berufliche Veränderung). Häufig sind Menschen mit dieser Einstellung nicht bereit, ihre Mitverantwortung für bestimmte Situationen zu erkennen (wie hier eine unbefriedigende berufliche Situation oder Arbeitslosigkeit).

Handelt ein Mensch aktiv, kann er etwas in seinem Sinne bewegen (Weiterbildung, Bewerbungen, Anfragen usw. bringen die gewünschte berufliche Veränderung). Reagiert ein Mensch dagegen lediglich passiv (Resignation), passt er sich den Gegebenheiten an, worunter auf Dauer auch sein Selbstwertgefühl leidet. Solche Menschen überlassen anderen die Macht, Entscheidungen für bzw. gegen sich selbst treffen (bis hin zur Kündigung). Oft müssen sie auch noch Schuldzuweisungen erdulden und die nachteiligen Konsequenzen tragen.

### Aktion statt Reaktion

Dabei hätte man in unserem Beispiel schon sehr früh aktiv werden können. Beispielsweise zu dem Zeitpunkt, als einem die eigene Unzufriedenheit bewusst wurde (Stagnation der beruflichen Entwicklung, belastetes Klima im Team, Konflikte), hätten sinnvolle Veränderungen eingeleitet oder ein Wechsel angestrebt werden können.

Das Ruder kann zwar auch zu einem späteren Zeitpunkt noch herumgerissen werden. Allerdings sind die Bedingungen dann meistens wesentlich schlechter und die eigenen Handlungsmöglichkeiten bereits stark eingeschränkt.

In der Arbeitslosigkeit zu verharren und auf die Angebote des Arbeitsamtes zu warten, wären dagegen wieder nur Reaktionen auf das Handeln der scheinbar „Mächtigen", denen sich die betroffene Person ausgeliefert fühlt. Aus ihrer Sicht sind jene dann auch an der eigenen Situation schuld.

Wer die Schuld hat, hat die Macht oder wer die Macht hat, hat die Schuld? Was ist Ursache, was Wirkung? Wir selbst tragen die Schuld, wenn wir anderen die Verantwortung für uns übertragen und ihnen dadurch die Macht über unser Leben geben!

*Verantwortung übernehmen*

Schuld – das Wort hat eine zutiefst negative Wirkung auf uns. So stehen wir jeder Schuldzuweisung zunächst ablehnend gegenüber. Schuld hat mit Versagen zu tun. Doch wer hat Ihren Erfolg im Leben „verschuldet"? Wer war dafür verantwortlich? Sie selbst! Ohne Ihre Tatkraft, Ihr Wissen und Ihr Können, Ihren unermüdlichen Einsatz wären Sie nicht dort, wo Sie heute stehen.

Das Glück ist auch Ihnen sicherlich nicht in den Schoß gefallen. Sie haben viel dafür getan. Auch in Zukunft hängt es von Ihrem Handeln ab, wie sich Ihr Leben entwickeln wird.

*Wer Verantwortung übernimmt, muss auch mit der Schuldfrage umgehen und sich dem Urteil oder der Beurteilung stellen können. Die Verantwortung abzugeben bedeutet, anderen die Macht über das eigene Leben zu überlassen. Ob für den Erfolg oder Misserfolg – für unser Handeln sollten immer wir selbst die Verantwortung übernehmen.*

# 5. Selbsterkenntnis

## 5.1 Selbst-Test

Wie ausgeprägt ist Ihr Selbstbewusstsein? Antworten Sie auf die folgenden 45 Fragen (nach Arnd Stein) unbefangen, spontan und ehrlich:

|  |  | ja | nein |  |
|---|---|---|---|---|
| 1. | Mir fällt es schwer, andere um etwas zu bitten |  |  | B |
| 2. | Ich habe irgendwie eine Abneigung gegen Autoritätspersonen |  |  | B |
| 3. | Ich habe im Leben mehr Pech als andere |  |  | A |
| 4. | Ich bemühe mich, möglichst gewissenhaft zu sein |  |  | C |
| 5. | Ich mache mir oft Selbstvorwürfe, auch bei Kleinigkeiten |  |  | A |
| 6. | Anderen Fehler nachzuweisen, bereitet mir Vergnügen |  |  | C |
| 7. | Andere Menschen kommen mir oft überlegen vor |  |  | C |
| 8. | Ich bewundere gebildete Menschen |  |  | C |
| 9. | Große Menschenansammlungen sind mir unangenehm |  |  | B |
| 10. | Ich grüble häufig über mein Leben nach |  |  | A |
| 11. | Ich verkaufe mich unter Wert |  |  | C |
| 12. | Ich neige zu übertriebener Eifersucht |  |  | A |

| | | ja | nein | |
|---|---|---|---|---|
| 13. | Meist bin ich auch zu unsympathischen Menschen freundlich | | | B |
| 14. | Unter Druck verschlechtert sich meine Leistungsfähigkeit | | | C |
| 15. | Es fällt mir schwer, mich zu entscheiden | | | A |
| 16. | Ich meine, für meine Freunde nicht so wichtig zu sein | | | B |
| 17. | Manchmal leide ich unter Schlafstörungen | | | A |
| 18. | Eigentlich hätte ich mehr im Leben erreichen müssen | | | C |
| 19. | Auf der Straße habe ich oft das Gefühl, von allen angestarrt zu werden | | | B |
| 20. | Ich habe ziemlich viele schlechte Eigenschaften | | | A |
| 21. | Mir unterlaufen viele Flüchtigkeitsfehler | | | C |
| 22. | Ich möchte gern besser aussehen | | | A |
| 23. | Es fällt mir schwer mich durchzusetzen | | | B |
| 24. | Ich bin ziemlich launisch | | | A |
| 25. | Ich wäre gern intelligenter | | | C |
| 26. | Habe ich mich blamiert, beschäftigt mich das noch lange | | | A |
| 27. | Ich habe oft das Gefühl, missverstanden zu werden | | | B |

|     |                                                                         | ja | nein |   |
|-----|-------------------------------------------------------------------------|----|------|---|
| 28. | Ich fühle mich morgens oft wie gerädert, obwohl ich lange genug geschlafen habe |    |      | A |
| 29. | Prüfungen mochte ich noch nie                                           |    |      | C |
| 30. | Ich bin lieber allein (oder zu zweit), als in Gesellschaft             |    |      | B |
| 31. | Ich würde in meinem Leben gern vieles anders machen                    |    |      | A |
| 32. | Wenn etwas schief geht, bin ich ziemlich deprimiert                    |    |      | C |
| 33. | Ich lasse mich von anderen leicht beeinflussen                         |    |      | B |
| 34. | Ich glaube, auf andere häufig einen schlechten Eindruck zu machen       |    |      | A |
| 35. | Es fällt mir schwer, meinen Mitmenschen in die Augen zu schauen        |    |      | B |
| 36. | Ich mache mir oftmals übertriebene Sorgen                              |    |      | A |
| 37. | Es fällt mir schwer, Fehler und Missgeschicke einzugestehen            |    |      | C |
| 38. | In manchen Situationen gerate ich ins Stottern                         |    |      | B |
| 39. | Auch sachlich vorgetragene Kritik geht mir meistens sehr nahe          |    |      | A |
| 40. | Manchmal halte ich mich für einen Versager                             |    |      | C |
| 41. | In vielen Sachgebieten verfüge ich nur über ein geringes Wissen        |    |      | C |

|  |  | ja | nein |  |
|---|---|---|---|---|
| 42. | In Gesellschaft brauche ich Alkohol, um mich wohl zu fühlen |  |  | B |
| 43. | Andere Menschen sind meist tüchtiger als ich |  |  | C |
| 44. | Im Grunde bin ich ein misstrauischer Mensch |  |  | B |
| 45. | Meine Konzentration ist mitunter sehr schwankend |  |  | B |

Die Testauswertung finden Sie am Ende dieses Kapitels.

Welche Eigenschaften machen eine selbstbewusste Persönlichkeit aus?

- **Echtheit.** Ihre innere und äußere Persönlichkeit stimmen überein; Sie versuchen nicht, anderen etwas vorzumachen, und stehen zu Ihren Gefühlen.
- **Kommunikationsfähigkeit.** Ihre Kontakte mit anderen sind offen, aufrichtig, direkt und der Situation angemessen.
- **Aktive Lebenseinstellung.** Sie treffen Ihre Entscheidungen selbst und stehen dazu; Sie haben Ziele.
- **Selbstachtung bewahren.** Sie gehen respektvoll mit sich selbst um, kennen Ihre Fehler und Grenzen und überfordern sich nicht.

Überlegen Sie kritisch: Zählen die aufgeführten Punkte zu Ihrer Lebenseinstellung? Besitzen Sie Verhaltensweisen, die Ihr Selbstbewusstsein untergraben? Befassen Sie sich damit, indem Sie diese auf einem Blatt Papier vermerken und anschließend neu formulieren.

*Beispiel:*

*Nachteilige Verhaltensweise:* „Im Zusammensein mit sehr selbstsicheren Menschen fühle ich mich schnell verunsichert."

*Neuformulierung:* „Ich bin mir meines Wertes jederzeit bewusst. Mein Auftreten ist selbstbewusst, ich trage meine Meinung sicher und deutlich vor."

Verwahren Sie dieses Blatt an einem sicheren Ort, der nur Ihnen zugänglich ist. Nehmen Sie es immer wieder zur Hand und lesen Sie es durch. Alle Ihre Zielsetzungen sollten Sie für sich behalten. Es sind Ihre ganz persönlichen Ziele, die Sie erreichen wollen. Ziehen Sie andere Menschen ins Vertrauen, setzen Sie sich einem Druck aus, der Sie unnötig belasten könnte.

### Auswertung des Selbst-Testes
„Wie selbstbewusst bin ich wirklich?"

Zählen Sie die Anzahl der Ja-Antworten in den Kategorien A, B und C zusammen:

Anzahl der Ja-Antworten

| ___ | ___ | ___ |
|-----|-----|-----|
| A | B | C |

Die Antworten auf die Fragen der Kategorie A betreffen Ihr Selbstbewusstsein. Aus der Anzahl der Ja-Antworten können Sie erkennen, wie selbstbewusst Sie tatsächlich sind.

Die Antworten der B-Kategorie zeigen Ihnen, wie stark Sie von der Beurteilung Ihrer Mitmenschen abhängen und wie unbefangen Sie sich in Gegenwart anderer verhalten.

Die Anzahl der Ja-Antworten in der Kategorie C informiert Sie darüber, ob Sie im Leistungsbereich unter Minderwertigkeitsgefühlen leiden oder nicht.

Vergleichen Sie nun Ihre Punktzahlen je Kategorie mit folgender Tabelle:

| Punkte | Selbstbewusstsein |
|---|---|
| 0 bis 4 | hoch |
| 5 bis 10 | durchschnittlich |
| 11 bis 15 | gering |

 *Selbstbewusste Menschen zeichnen vier Merkmale aus: Sie sind authentisch und stehen zu ihrer Meinung. Sie besitzen die Fähigkeit, angemessen zu kommunizieren. Sie handeln aktiv und bewahren sich ihre Selbstachtung. Verhaltensweisen, die sich ungünstig auf einen selbst auswirken, kann man in kleinen Schritten ändern.*

## 5.2 Was tue ich für mich selbst?

Die fünfstufige Pyramide des amerikanischen Psychologen Maslow stellt die Hierarchie menschlicher Bedürfnisse dar.

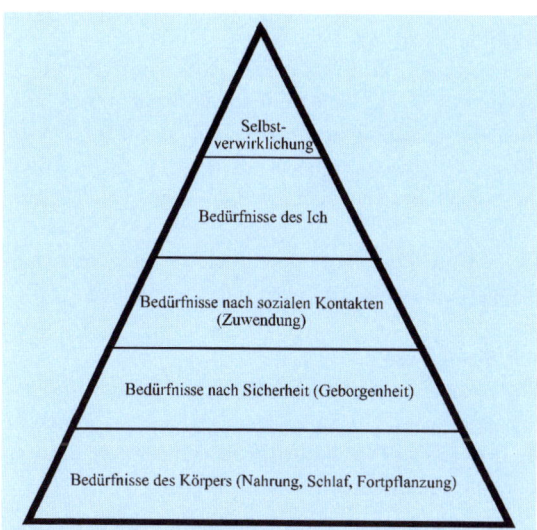

*Maslow'sche Bedürfnispyramide*

### Lebenserhaltung
Zu den Grundbedürfnissen eines jeden Lebewesens zählen Nahrung, Schlaf und Sexualität (Fortpflanzung).

### Sicherheit
Erst wenn die Grundbedürfnisse eines Menschen wie Essen und Schlafen befriedigt sind, gewinnt das Bedürf-

nis nach Sicherheit an Dringlichkeit. Für die erforderliche Nahrung würden wir uns notfalls auch in Gefahr begeben. Sind wir satt, suchen wir nach einer Bleibe, haben wir die, wäre für uns das Alleinsein auf Dauer unerträglich.

### Soziales Engagement

Wir suchen soziale Kontakte, wollen mit Freunden zusammen sein, bauen einen Bekanntenkreis auf, suchen Bestätigung in einem Verein oder in einer politischen Organisation. Auch eine ehrenamtliche Arbeit im sozialen Bereich kann dem Leben einen Sinn geben.

Diese dritte Stufe der Pyramide nach Maslow erreichen die meisten Menschen in den Industrieländern.

### Ich-Bedürfnisse

Die Bedürfnisse des Ich umfassen den Bereich, der das Ich „schmückt". Dazu zählen Prestige bzw. Anerkennung durch die Gesellschaft, also all die Dinge, die dem Ego gut tun, ihm schmeicheln.

Zu nennen wären hier: eine herausragende berufliche Position, Inhaber eines namhaften Ehrenamtes, Besitzer einer schönen Villa, teure Urlaube, ein schnelles Auto der Luxusmarke, modische Kleidung ... Die Aufzählung ließe sich beliebig fortsetzen.

### Selbstverwirklichung

Sind die Bedürfnisse des Ego erfüllt, folgt die fünfte und letzte Stufe, die Selbstverwirklichung. Die Bedürfnisse des Selbst zu befriedigen, gelingt aber nur relativ wenigen Menschen. An dieser Stelle stellt sich die Frage nach dem Unterschied zwischen unserem Ego und unserem Selbst: Unser Ego, das sind wir mit unserer Bekleidung, das Selbst ist nackt.

Das eigene Selbst zu verwirklichen heißt, seinen individuellen Weg zu gehen, persönliche Wertmaßstäbe zu entwickeln und nach ihnen zu leben.

Menschen, die zu sich selbst gefunden haben, sind meist angenehme Zeitgenossen mit einer gelassenen, toleranten und positiven Ausstrahlung, also Charisma. Nichts wirkt aufgesetzt, sie sind authentisch.

*Menschliche Bedürfnisse bauen aufeinander auf. Da sind zunächst die Grundbedürfnisse, die den Körper erhalten sollen. Geborgenheit und Liebe in der zweiten und dritten Stufe dienen Körper und Seele zu ihrer Gesunderhaltung. Die Spitze bildet die Selbstverwirklichung.*

## 5.3   Hilf dir selbst, sonst hilft dir keiner

Die Fee, die uns alle Wünsche erfüllt, gibt es nur im Märchen. Wir müssen selbst an der Erfüllung unserer Bedürfnisse arbeiten. Wie spüren wir aber, dass wir uns von unserem Weg abbringen lassen?

### Körperliche Reaktionen auf Defizite im Leben
Häufig gibt uns unser Körper die ersten Zeichen. Krankheiten können ein Hinweis darauf sein, dass mit

uns bzw. unserem Leben etwas nicht stimmt. Sie geben uns die Gelegenheit, uns zurückzuziehen und in Ruhe nachzudenken.

Auch aus der Art der Erkrankung lassen sich manchmal interessante Schlüsse ziehen. Bei einer Entzündung befindet sich der Körper zum Beispiel in einer Art Kriegszustand, während dem er über das Immunsystem Abwehrkräfte mobilisiert. Unsere unterdrückten Aggressionen leben wir auf der Körperebene aus, statt sie in unserem Leben angemessen zu berücksichtigen.

Hören Sie auf Ihren Körper! Nehmen Sie seine Warnungen ernst und nutzen Sie die Gelegenheit, sich selbst Fragen zu stellen: „Bin ich mit meinem Leben/meinem Beruf zufrieden? Muss ich etwas ändern oder die Konsequenzen ziehen?

### Dem Gefühl vertrauen

Das sind Entscheidungen, die nicht immer leicht sind und die Ihnen niemand abnehmen kann. Aber Sie können Ihrem Gefühl und sich selbst vertrauen. Mag auch manche Situation zunächst verfahren erscheinen, früher oder später findet sich meist ein Weg, etwas zum Positiven hin zu verändern. Verloren haben Sie nur, wenn Sie keine Entscheidung treffen und in Passivität verharren.

### Den ersten Schritt gehen

Warten Sie nicht auf Hilfe von anderen, Sie sind ganz allein für sich selbst verantwortlich. Sich zu verwirklichen erfordert zuallererst Ihre Bereitschaft, den ersten Schritt zu tun. Haben Sie sich einmal entschieden aktiv zu werden, werden Sie auch auf Menschen treffen, die Sie in Ihrem Tun bestärken und begleiten.

*Um Veränderungen im eigenen Leben herbeizuführen, muss man den Willen haben, selbst etwas dafür zu tun. Mit Entschlossenheit und Vertrauen auf die eigene Kraft lassen sich die Lebensumstände so gestalten, dass sie Ihren Wünschen und Vorstellungen entsprechen.*

## 5.4 Selbsterkenntnis in der Praxis

Wie sieht unser Alltagsleben aus? Stress und Hektik machen sich breit und wir vergessen, was wir eigentlich sind – einzigartig. Weil wir das vergessen haben, beginnen wir uns mit anderen zu vergleichen:

### Sind die anderen attraktiver?
Frau Müller sieht, was für eine tolle Figur Frau Mayer hat und schaut an sich hinunter. Auch in der Werbung sieht sie nur perfekte Frauen, jung und schön. Frau Müller fühlt sich schlecht: „Dem Vergleich mit anderen halte ich nicht stand."

Vergleicht man sich mit anderen ist das, als vergliche man Äpfel mit Birnen. Wer ist das Maß aller Dinge? Müssen wir wirklich einer aktuellen Norm entsprechen? Wer verlangt das von uns? Meist nur wir selbst und einige wenige, die uns egal sein sollten.

Vor allem, wenn es nur um Äußerlichkeiten geht, sollten wir zu uns selbst stehen. Wir können nun einmal nicht aus unserer Haut. Noch einmal: Attraktivität und Schönheit liegen im Auge des Betrachters. Menschen, die nur auf die Fassade achten, bestehen meist selbst nur aus Fassade.

### Abstand verschafft den Überblick

Ein Großteil der Menschen benimmt sich heutzutage wie eine Herde, die durch eine enge Schlucht stürmt. Alle müssen mit, ob sie nun wollen oder nicht. Erlaubt sich ein Herdenmitglied, auszuscheren oder kurz stehen zu bleiben, darf es nicht auf Verständnis hoffen.

Es sollte auf eine Anhöhe klettern, um sich einen Überblick zu verschaffen. Meist erkennt es dann, wo alles hinführt und die Sinnlosigkeit in manchem Tun. Sich im Alltag einmal Zeit zu nehmen und Abstand zu verschaffen ist sinnvoll, um sich selbst und das Wesentliche wieder entdecken zu können. Mit Abstand betrachtet werden Zusammenhänge klarer und die Dinge erhalten eine völlig andere Wertigkeit. Wichtig sind vor allem Sie selbst und Ihr Gefühl für den eigenen Wert.

### Welche Rolle spiele ich?

An einem einzigen Tag schlüpfen wir, bewusst oder unbewusst, in ganz verschiedene Rollen. In jeder dieser Rollen zeigen wir ein anderes Verhaltensmuster.

### Rollen in der Berufswelt

Jede Rolle hat ihre Gesetze und Richtlinien. Nehmen wir zum Beispiel die Rolle eines Hausarztes: Gesetzliche Richtlinien wären unter anderem die ärztliche

Schweigepflicht, der Eid des Hippokrates und wirtschaftliches Handeln. An ihn werden aber auch Erwartungen von seinen Patienten gestellt, wie beispielsweise persönliche Zuwendung, fachliche Kompetenz, Zuhören und permanente Verfügbarkeit.

Die berufliche Rolle kann auch als Schutzschild dienen, um dahinter persönliche Verunsicherung zu verbergen.

### Rollen in der Partnerschaft

Die Rollenverteilung bestimmt das Zusammenleben von Lebenspartnern. Bei Paaren, die schon lange zusammenleben, sind die Rollen klar verteilt. Jede Änderung im Rollenverhalten kann Konflikte verursachen. Fühlen sich beide Partner in ihrer Rolle wohl, funktioniert die Beziehung meist reibungslos.

### Geschlechterspezifische Rollen

Das Rollenverhalten von Männern und Frauen ist unterschiedlich geprägt. Diese Prägung resultiert bereits aus unserer Kindheit. Kinder erleben die Rolle des Vaters und der Mutter und ahmen sie zunächst spielerisch nach. Diese Vorbildwirkung reicht bis ins spätere Leben, wobei uns dies selten bewusst ist. Auch die Gesellschaft stellt an Männer und Frauen unterschiedliche Ansprüche.

Welche Rollen kann ein Mensch täglich übernehmen?

### Partnerrolle

Bereits in der Partnerschaft füllt man je nach Situation verschiedene Rollen aus: Geliebte/r, Gesprächspartner/in, Elternteil, Tröster/in, Konfliktgegner/in, Krankenpfleger/in, Mitstreiter/in usw.

### Berufliche Rolle

Im Berufsleben kann man sich in der Rolle des Vorgesetzten wiederfinden und kurz darauf in der des untergeordneten Mitarbeiters. Sie sind einmal der Kritiker und ein anderes Mal derjenige, der kritisiert wird usw.

### Gesellschaftliche Rolle

Im Laufe des Tages könnten Sie Freunde, ältere oder jüngere Verwandte oder Bekannte treffen, zu denen Sie ein unterschiedliches Verhältnis haben.

Die Rolle des Antragstellers bei einer Behörde unterscheidet sich von der eines Vereinsvorsitzenden. In welcher Rolle fühlen Sie sich wohler?

Wir können uns mit einer Rolle identifizieren, uns von ihr innerlich distanzieren oder sie gar verweigern. Innerhalb der jeweiligen Rollen haben wir Gestaltungsspielräume, aus vielen unserer Rollen können wir nicht so einfach aussteigen.

### Zeit für sich selbst

Im Alltag benötigen wir regelmäßig Ruhephasen, um ganz wir selbst sein und auf diese Weise wieder zu uns selbst finden zu können. Wir sollten uns ausreichend Zeit dafür reservieren.

Weder das Vergleichen mit anderen, noch das Streben nach Perfektionismus sollten Kriterien für den eigenen

Wert darstellen. Auch wenn wir dem Alltag und unseren vielfältigen Rollen nicht ganz entfliehen können, sieht mit Abstand betrachtet vieles ganz anders aus.

*In der Hektik des Alltags kann es passieren, dass wir*
*das Gefühl für uns selbst verlieren. Wir füllen die unterschiedlichsten Rollen aus und bekommen perfekte Menschen in den Medien vorgeführt. Wir brauchen Zeit, um uns wieder selbst wahrzunehmen –
als ein unvergleichliches Original.*

## 5.4   Mein tägliches TUN

Sie haben für sich selbst theoretisch die Entscheidung getroffen, was Sie in Ihrem Leben verändern wollen. Nun muss die Umsetzung in die Praxis erfolgen. Manch guter Vorsatz starb, bevor er in die Tat umgesetzt werden konnte.

*Entscheidungen umsetzen*
Hier geht es um Sie selbst. Sind Sie von der Richtigkeit Ihrer Entscheidung überzeugt, dann setzen Sie diese in Ihrem praktischen Tun um. Glauben Sie an Ihre Möglichkeiten! Es ist an der Zeit, derjenige zu sein, der man sein möchte.

*Langsam und in kleinen Schritten*
Das geht nicht von heute auf morgen und auch nicht in Riesenschritten. Bleiben Sie gelassen und realistisch. Nehmen Sie sich kleine Schritte vor und behalten Sie Ihr Ziel im Auge.

*Widerstände sind eine Herausforderung*
Sicherlich werden Sie bei der einen oder anderen Gelegenheit Widerstände zu spüren bekommen. Veränderungen greifen schmerzhaft unsere Gewohnheiten an, auch die der anderen! Wenn Sie sich verändern, müssen es zum Teil auch Ihre Mitmenschen tun. Rechnen Sie mit Widerstand, niemand möchte freiwillig Privilegien und Gewohnheiten aufgeben. Lassen Sie sich von Ihrem Vorhaben dadurch nicht abhalten. Tun Sie es zu Ihrem Besten.

*Haben Sie sich selbst und Ihre Bedürfnisse erkannt, dann führen Sie die Veränderungen aktiv herbei. Zögern Sie nicht! Vertrauen Sie Ihrem Gefühl und Ihrer Kraft!*

# Der Autor

Bernhard P. Wirth, geboren 1958 in Nürnberg, hat sich in den letzten 23 Jahren mit den Lehren fast aller Kulturen beschäftigt: Von der hermetischen Tradition der alten Griechen über die jüdische Geschichte bis hin zu den Erfolgslehren des 21. Jahrhunderts.

Seine Studien in den Bereichen Astrologie, Nummerologie, Graphologie, Psychophysiognomik, Kallisophie, Homöopathie, NLP und medizinische Hypnose führten ihn im Laufe der Jahre zu den Themengebieten Menschenkenntnis und Selbsterkenntnis.

Seit nunmehr 15 Jahren gibt er das durch sein eigenes TUN bestätigte Wissen mehrsprachig in Büchern, auf Kassetten, in Vorträgen und Seminaren an erfolgsorientierte und handelnde Menschen weiter.

Sein Leitgedanke:
Erfolgreich vorgelebtes Wissen für die körperliche, geistige und seelische Entwicklung des Menschen, das letztlich nur im TUN gelebt werden kann und muss, anderen Menschen motivierend weitergeben.

# Register

## In derselben Reihe
## sind bereits erschienen:

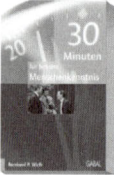